AF314692

L'ACCENT DU NORD

L'ACCENT DU NORD

TRAITÉ EUPHONIQUE

A L'USAGE DES MÉRIDIONAUX

suivi

D'ENSEIGNEMENT DE MOYENS MÉCANIQUES
PROPRES A LA CORRECTION DES VICES DE PRONONCIATION
LES PLUS ACCUSÉS

BÉGAYEMENT, ZÉZEYEMENT, ETC.

PAR

GABRIEL DELAUNAY

2me ÉDITION

soigneusement revue et augmentée de conseils pour la lecture à haute voix

---

« Le deux parler ne nuit de rien. »
LAFONTAINE.

BORDEAUX

EN VENTE CHEZ L'AUTEUR, RUE PÉLEGRIN, 61,
Et chez FÉRET, libraire-éditeur, cours de l'Intendance, 15.

1870.

A vous, Éminence, ces pages simples mais utiles, si je ne me trompe.

Souffrez qu'elles se placent sous vos auspices, votre esprit si large et à la fois si accessible à tout ce qui est un progrès, saura les apprécier, et votre bonté si connue de tous, daignera en assurer le succès par une approbation.

GABRIEL DELAUNAY.

Monsieur,

C'est un service à rendre aux Méridionaux, que de leur apprendre à corriger et à rectifier leur accent. Votre méthode me paraît simple et avantageuse; appliquée avec intelligence et persévérance, elle aura ce bon résultat que vous vous proposez.

J'approuve donc votre *Traité euphonique*, je le recommande à nos Maisons d'éducation, et j'en accepte la flatteuse dédicace.

Recevez, Monsieur, l'assurance de mes sentiments distingués.

† FERDINAND CARDINAL DONNET,
Archevêque de Bordeaux.

30 octobre 1866.

LETTRES ADRESSÉES A L'AUTEUR

PRÉFECTURE DE LA GIRONDE

6 décembre 1866.

Monsieur,

J'ai reçu l'exemplaire que vous avez bien voulu m'envoyer du traité que vous venez de publier sur la prononciation.

En vous remerciant tout particulièrement du plaisir que m'a fait votre envoi, je ne puis que vous féliciter pour cette utile publication.

Vous savez que mes sympathies vous sont acquises et je suis heureux de pouvoir encourager vos efforts intelligents.

Recevez, Monsieur, l'assurance de ma considération bien distinguée.

Le Préfet de la Gironde,
COMTE DE BOUVILLE.

Monsieur,

Voilà bientôt trois ans que je suis descendu, pour la seconde fois, du fauteuil présidentiel de l'Académie de Bordeaux. Ne voyez donc plus en moi qu'un très-obscur et très-simple immortel. Ce qui ne m'empêche pas de m'intéresser très-vivement à l'art de bien parler, — complément obligé de l'art de bien penser, — et de reconnaître le service éminent que votre « *Traité euphonique,* » dont l'application est si facile, peut rendre aux Méridionaux, en corrigeant les vices de leur prononciation.

Un mauvais accent décolore les mots, leur enlève leur expression véritable, les dépouille souvent de toute leur puissance. Car, il ne faut pas l'oublier, il y a solidarité entre le mot et l'idée, entre l'oreille et l'esprit. Rectifier la prononciation, c'est rectifier le jugement.

Votre « *Traité euphonique* » est donc un double bienfait. Je lui souhaite tout le succès qu'il mérite ; en profitant à son auteur, il profitera largement à ceux qui en auront fait usage.

Veuillez croire, Monsieur, à mes meilleurs sentiments.

HIPPOLYTE MINIER.

12 décembre 1866.

ÉVÊCHE D'ORLÉANS

18 décembre 1866.

Monsieur,

J'ai reçu avec plaisir le « *Traité euphonique* » que vous avez bien voulu m'adresser, et je vous prie d'en agréer mes remerciements. Bossuet disait autrefois à son royal élève, que quand on confond les règles qui régissent les mots, on peut porter aussi la même confusion dans les lois qui régissent les hommes. Et nous vivons en effet dans ces temps où l'on ne se fait guere faute de violer les règles de toutes sortes. Vous faites bien, Monsieur, de rappeler pour votre part à l'harmonie et à l'euphonie du langage. Il faut rétablir aujourd'hui, partout, l'empire de la règle.

Agréez, Monsieur, mes dévoués hommages.

† F. DUPANLOUP,
Évêque d'Orléans.

LE GRAND RABBIN DU CONSISTOIRE DE LA GIRONDE

19 décembre 1866.

Monsieur,

Vous avez eu la bonté de m'envoyer votre brochure intitulée :
Traité euphonique à l'usage des Méridionaux.

Je l'ai parcourue avec un grand intérêt et puis vous dire que
vos conseils, parfois si spirituellement donnés, ne peuvent que
profiter à vos lecteurs.

C'est surtout entre les mains des instituteurs que ce traité mérite d'être placé ; et je me propose de le faire immédiatement, pour
ceux qui, à Bordeaux, ont la direction de nos écoles israélites.

Envoyez-moi donc, je vous prie, quelques exemplaires de votre
traité et agréez, Monsieur, l'assurance de ma parfaite considération.

S. LÉVY,
Grand Rabbin.

Monsieur,

Je viens de parcourir votre *Traité euphonique*, et puisque vous
me priez de vous dire mon sentiment, j'avoue qu'il m'a paru assez
simple et assez pratique pour améliorer, sinon pour corriger l'accent de nos Méridionaux, désireux de passer de la langue d'Oc à
la langue d'Oïl.

J'espère donc, que votre *Traité euphonique* se répandra dans
notre Midi, et je lui souhaite bon succès au nom d'une prononciation saine et française.

Recevez, Monsieur, mes vœux et mes salutations.

G. DELMAS,
Ministre protestant.

Bordeaux, 17 janvier 1870.

PRÉFACE

De nos jours, où la science est un monde, où la jeunesse est savante, où la distance pédestre n'est plus qu'un mot! où la pensée se transmet presque aussi vivement qu'elle naît, en franchissant l'espace sur l'aile de l'électricité; où le fils du plus humble artisan va finir ses études dans la capitale et peut rencontrer en wagon un ministre, un grand personnage, qui, gardant l'incognito, se plaît à converser courtoisement avec lui; où notre monarque se promène dans ses provinces sans être reconnu d'un premier mouvement; où le riche ouvre ses salons au génie pauvre; où la noblesse s'associe à l'intelligence, en se faisant elle-même artiste et poëte; où, sans vouloir réveiller nulle douleur ni blesser nulle croyance, Sully ne serait pas un grand homme par hasard, — chacun éprouve la nécessité de bien parler.

Chose étonnante, toutefois : le progrès, cet éclatant manifeste de l'activité humaine, n'a pas encore étendu ses rameaux dans le midi de la France, en ce qui concerne l'étrangeté de son dialecte.

Pourquoi? nous oserions vaguement le définir.

Dans cette partie de notre beau pays, où les voix sont tour à tour chaudes, sympathiques et vibrantes, — nous ne comprenons pas que, possédant de pareils trésors d'harmonie, les Méridionaux aient pu, jusqu'à ce jour, faire outrage à leur nationalité par une bigarrure de langage.

Cela nous étonne d'autant plus, que la somme d'enthousiasme qu'on leur accorde particulièrement eût dû, ce nous semble, contribuer à les rendre plus parfaitement patriotes; en ce sens, que la linguistique peut établir, d'après leur accent, que ce dernier est encore l'esclave d'un idiome apocryphe mélangé de latin, d'espagnol et d'italien.

Pourquoi cet écart, ou plutôt pourquoi cette soumission? Nous le demandons encore.

Quand le bon goût consiste à parler comme tout le monde, pourquoi nous distinguerions-nous par une originalité, qui n'est, avouons-le, rien moins que ridicule?

Le Nord, l'Est et l'Ouest, nous tendent la main; ne leur refusons pas la nôtre, et prouvons désormais que les Français sont un par le langage comme par le cœur!

AVERTISSEMENT

Il ne suffit pas, pour qu'un livre de ce genre ait une heureuse portée, d'y exhiber une kyrielle d'expressions plus ou moins scientifiques; il s'agit d'être médecin avant d'être pédant. Le malade ne demande pas une péroraison devant le mal dont il souffre; il demande qu'on y applique au plus vite un remède, et fût-ce un de ceux de la « Bonne-Femme, » il se souciera peu, au demeurant, de la science qui divague si l'expér.ence le guérit.

Étant du Midi nous-même et ayant corrigé notre accent au point de laisser peu de compte aux puristes outrés, nous venons simplement dire à nos lecteurs : « Voilà ce que nous avons fait, faites comme nous. »

On conviendra, toutefois, qu'un *Traité Euphonique* à l'usage des Méridionaux n'aurait eu aucune espèce de mérite à appeler uniquement leur attention sur une accentuation que le premier venu peut trouver dans les dictionnaires. Il fallait, avant tout, imager des résonnances qui constituent le véritable accent français et suppléer par ce fait à une lacune de la grammaire.

C'est la tâche que nous nous sommes imposée en traitant de « l'*euphonie* » dans notre première partie où nous affirmons que l'on trouvera, au complet, tout ce que peut renfermer un livre écrit sur cette matière.

Pour ce qui est de sa brièveté, nous osons croire qu'un rhétoricien ne nous en voudra pas d'avoir réussi à dire moins pour faire entendre plus; attendu qu'ayant procédé par les rimes, nous avons cru suffisant d'indiquer la nature du son qu'exige l'une d'elles pour qu'on soit fixé sur celui qui convient aux rimes de la même terminaison. — Ajoutons bien vite que, quant aux exceptions, aussi isolées qu'elles soient par le nombre, elles suivent immédiatement les règles qui les excluent.

On reconnaîtra, en second lieu, qu'une explication peut être lucide quoique succincte et qu'elle doit n'être pas d'un mérite vulgaire, pour résumer habilement en quelques lignes ce que dans d'autres livres on arrive confusément à rendre par des chapitres entiers.

Nous sommes heureux de pouvoir défier qui que ce soit d'avoir jamais exposé aussi succinctement la règle des *o* longs et brefs dont l'application est d'une majeure importance pour les Méridionaux.

Il est scandaleux de les entendre dire : *haume* pour *homme*; *bome* pour *baume*, etc.; fautes qu'ils ne feraient certainement plus, si des communications, à la fois mécaniques, exactes et concises, leur avaient été faites à ce sujet.

Nous pensons bien qu'au début de notre opuscule, ceux dont le goût est difficile pourront s'écrier : « Qui ne sait pas qu'on dit : *j'avais, j'aurais?....* » Mais après leur avoir demandé tout d'abord pourquoi ils n'en tiennent pas compte, nous les forcerons de constater qu'en poursuivant notre lecture ils rencontreront des choses dont ils n'ont pas la moindre idée, quelque dédaigneux qu'ils soient par système.

Nous aurions pu, à l'exemple de ceux qui ont traité sur l'accent français, émailler notre travail de tirades et de citations nombreuses pour les éblouir. Mais, outre que c'eût été s'écarter de notre but, nous ne craignons pas d'avouer que nous n'avons point l'honneur hyperbolique quand il s'agit de frais d'impression pour ne rien prouver en réalité.

Rallier l'accent du Midi à celui du Nord au moyen d'une méthode synthétique, facile et surtout peu coûteuse, telle est notre intention.

Il se pourra que des pessimistes, des routiniers ou des indifférents, passeront sans nous accorder un regard ; mais nous, encouragés par des noms distingués, apposés au bas des éloges qui nous sont adressés, et surtout par la rapidité avec laquelle nous avons épuisé notre première édition, nous poursuivrons énergiquement notre idée.

Ce qu'il y a d'incontestable, c'est que dans nos pays on rencontre des gens, qui, non-seulement ne savent lire ni s'exprimer, ce qui serait la moindre des choses, mais encore incapables de faire le moindre effort pour articuler.

Et l'on s'étonne ensuite de voir les orateurs si rares ! — quand les écrivains abondent.

On pense à tort qu'il suffit de bien penser pour bien parler (si toutefois c'est parler que de s'exprimer pitoyablement), et l'on néglige honteusement cette partie fondamentale de la rhétorique qui se confond avec le débit et que Cicéron définit par : « *eloquencia corporis.* »

Si Démosthène (qui en valait bien un autre) se mettait des galets dans la bouche pour essayer d'atténuer une légère défectuosité, il nous semble que c'est bien le moins que nous nous donnions la peine d'être bienséants.

Or, nous le répétons, notre langage, plein de mollesse et d'insubordination, est scandaleux !

Et les enfants héritent de cette atonie de la parole. De là, les bègues et les timides qui, inhabiles dans la plus simple manière de s'énoncer, échouent aux examens après avoir successivement rougi, bredouillé et perdu la tête. — Nous connaissons une jeune fille qui n'a jamais pu donner la signification de l'adjectif, tant on tolère sa tendance au mutisme. Et plusieurs personnes sérieuses, poursuivant des carrières qui ne devraient pas leur permettre d'être déshéritées sous ce rapport, sont venues nous avouer qu'elles ne pouvaient ni parler ni lire.

Afin donc de porter un prompt remède à ce mal, nous avons cru devoir augmenter notre nouvelle édition d'utiles conseils pour la lecture à haute voix, que contient notre seconde partie. On y verra comment l'usage des liaisons peut être un aide-mémoire pour l'orthographe chez les enfants; et le professeur qui fera les dictées, imbu des règles de notre méthode, sera bientôt convaincu que, par l'accentuation seule, on peut encore activer leur progrès.

Il est évident que si on fait distinctement enten-dre : *je chantai, je chantais, je voudrai, je voudrais; pomme, paûme, illusoire* au lieu de *ilusoire, immeuble* au lieu de *imeuble,* etc., les enfants qui auront appris que l'on prononce *ai* comme *é* parce qu'il n'y a pas d's, *ais* comme **è** parce qu'il y en a une, *pomme* parce que l'*o* est bref, *paûme* attendu que *au* est une syllabe sombrée, feront bien moins de fautes.

Quant à la troisième partie qui comprend la *vibration,* qu'on nous permette de faire obser-ver à ceux qui nous connaissent, que si nous ob-tenons des succès oratoires, c'est à elle que nous les devons. Tout orateur qui ne vibre pas, ne sera jamais incisif, et, partant, sera toujours monotone.

De la vibration, enfin, dépend l'articulation qui

donne la netteté ; à moins d'être muet, il n'est pas de vice de prononciation qui lui soit longtemps hostile.

A quiconque douterait de nos assertions, nous répondrions en bonne logique, que l'on peut infailliblement corriger ses vices, puisqu'on peut les imiter. Il n'est pas plus impossible, en effet, d'avancer la langue pour zézeyer, que de la retirer pour bien parler. C'est une affaire de travail et de temps, voilà tout.

Quand un soldat perd la main droite au champ d'honneur, il apprend bien vite à écrire de la main gauche. Il écrirait avec le pied s'il le fallait. — Nous avons eu des exemples.

Concluons de ceci, que toute personne qui, prenant notre livre en considération, observera religieusement nos avis, pourra sûrement en retirer des fruits.

Dix années d'étude oratoire et l'interprétation des chefs-d'œuvre de Racine, Corneille, Molière et autres grands maîtres, devant des académiciens, la cour et des têtes couronnées, nous donnent d'ailleurs voix au chapitre.

DE L'EUPHONIE

PREMIÈRE SECTION

—

DES DÉSINENCES OUVERTES

1. — RÈGLE GÉNÉRALE. — Toutes les terminaisons en *ais, aix*, se prononcent ouvertement.

Exemple :

NE DITES PLUS :	PRONONCEZ :
j'avé	*j'avais.*
tu existé	*tu existais.*
j'entrevoyé	*j'entrevoyais.*
je me déplaisé	*je me déplaisais.*
j'auré..... si	*j'aurais*...... si.
je me résoudré..... si	*je me résoudrais*... si.
mauvé	*mauvais.*
Marseillé	*Marseillais.*
je fé	*je fais.*
Roubé	*Roubaix.*
	etc.

EXCEPTIONS. — *Je sais, tu sais*, se prononcent : *je cé, tu cé. Il sait* s'ouvre : *il saît.*

Ils sont gais, elles sont gaies se prononcent : *ils sont gué, elles sont guée.*

Des quais se prononce : *qué.*

A part cela, la règle est applicable à tous les imparfaits, conditionnels, adjectifs et substantifs terminant comme les exemples ci-dessus.

OBSERVATION TRÈS-IMPORTANTE. — Nous n'hésitons pas à dire que nous aimerions mieux entendre encore prononcer *j'avé, tu existé, mauvé,* etc... plutôt que *j'avâ, tu existâ, mauvâ.* S'il y a exigibilité de résonnance, elle ne doit point servir de prétexte fallacieux à l'affectation. L'intelligence de nos élèves les maintiendra dans une sage limite.

---

2. — Des désinences en *cès*.

—

La grammaire indiquant la prononciation de ces terminaisons, nous prions nos lecteurs de bien les distinguer de celles en *és,* comme *assemblés, rassurés,* etc., qui sont fermées par l'accent aigu.

Que l'on prononce donc ouvertement :

abcès,

succès,

accès.

etc.

---

3. — Des désinences en *ait, aient*.

—

forfait,
il avait,
il importait,
il mangeait,
ils se battaient,
il baillait,
il plaît,

etc.

Retenez cette règle pour tous les mots terminant ainsi.

---

4. — Des désinences en *est.*

—

Ouèst,	*il èst,*
Èst,	*Sud-Èst,*
Bukharèst,	*Ernèst.*

etc.

---

5. — Des désinences en *et.*

—

bourrelèt,	*triolèt,*
soufflèt,	*projèt,*
pistolèt,	*guèt,*

coquèt,   *gourmèt,*
boulèt,   *serpolèt.*

etc.

EXCEPTION. — La conjonction *et* se prononce *é* pour se distinguer du verbe *est.*

6. — Des désinences en *ay, ey.*

Bombay   *Épinay,*
Arternay   *Ferney,*
Jersey   *Guernesey.*

etc.

7. — Des désinences en *aie.*

je paìe,
orfraìe,
monnaìe.

etc.

8. — Des désinences en *aigre, ègre.*

aìgre   *maîgre,*
nègre   *allègre.*

etc.

9. Des désinences en *aise, eize,* etc.

—

chaîse	malaîse,
Épischèze	treîze,
Genèse	Anglaîse.
	etc.

—

10. — Des désinences en *aine, eine, ène.*

—

peîne	huitaîne
centaîne	pleîne,
hautaîne	garène
	etc.

—

11. — Des désinences en *aile, elle.*

—

bèlle	hirondèlle,
aîle	demoisèlle.
	etc.

—

12. — Des désinences en *ette.*

—

sachètte	jètte,
serviètte	cadètte,
assiètte	courbètte.
	etc.

—

13. — Des désinences en *esse*.

—

comtèsse,   promèsse,
sagèsse,   mèsse
etc.

—

14. — Des adjectifs et article.

—

lès,   mès,   dès,
tès,   sès,   cès,

—

15. — Des désinences en *aison*.

—

REMARQUE. — A l'exception de :

raîson et maîson,

Sur lesquelles il faut traîner un peu la voix, toutes les autres subissent une modification, ou restriction de son, quoiqu'il faille les prononcer ouvertement. N'appuyez donc pas sur :

saîson,
fenaîson,
demangeaîson,
floraîson.
etc.

AUTRE REMARQUE TRÈS-IMPORTANTE. — Le verbe *Taire*
fait à l'impératif :

té-toi   pour   *tais-toi,*
tésons-nous   *taisons-nous,*
tésez-vous   *taisez-vous.*

au subjonctif présent singulier :

que je me taîse,
que tu te taîses,
qu'ils se taîsent.

Et au pluriel pour les deux premières personnes :

que nous nous tésions,
que vous vous tésiez.

Pour

que nous nous taisions,
que vous vous taisiez.

A la troisième :

qu'ils se taîsent.

———

On dit aussi : *vous vous tésez,* pour : *vous vous taisez,*
à la deuxième personne du pluriel.

———

16. — Des mots en *ec, eque.*

———

avèc,   *bèc,*
Grècque,   *Sénèque.*
etc.

Nous ne croyons pas prudent de classer dans cette
section, des mots sur les désinences desquels on n'ouvre
ni ne ferme le son.

Par exemple ceux-ci :

groseille,   *oreille,*
boutcille,   *treille.*

etc.

céleste,   *funeste.*

etc.

Le lecteur attentionné comprendra, d'après **notre** ré-
serve, que, s'il serait blessant d'entendre

groseïlle,   *bouteïlle,*
célèste,   *funèste.*

etc.

ce ne le serait pas moins de dire :

groséye,   *céléste.*

etc.

De même pour les désinences en *iel*

artificiel,   *fiel,*
miel,   *ciel*

etc.

Un peu de goût et d'étude fera trouver le juste mi-
lieu.

DEUXIÈME SECTION

—

DES DÉSINENCES FERMÉES.

1. — **REMARQUE.** — Le son de *é* ou *ai* tenant beaucoup de celui de l'*i*, ne dites plus : *j'aî* pour *j'ai* et *bontê* pour *bonté :* etc.

Dites donc désormais :

j'iré	pour	*j'irai,*
j'obéiré		*j'obéirai,*
j'auré		*j'obéirai.*

etc.

Cette règle est applicable à tous les futurs, passés définis :

j'emportai,

je soufflai.

etc.

et à tout mot terminant en *ai*.

EXCEPTIONS. — Prononcez ouvertement :

délaî,	*balaî,*
déblaî,	*essaî,*
vraî,	*maî.*

Ajoutez-y certains noms de villes :

Douaì,

Cambraî.

etc.

---

2. — Des désinences en *é, és.*

—

brûlé,	*emporté,*
ôté,	*été,*
forcé,	*fieffé,*
chaussé,	*rosé.*

etc.

Appliquez cette règle à tout mot surmonté d'un accent aigu qui gouverne même le pluriel.

---

3. — Des désinences en *ez.*

—

Le *z* tenant lieu de l'accent aigu, dites :

obéissé	pour	*obéissez,*
parlé		*parlez,*
né		*nez.*

etc.

Appliquez cette règle à tout mot terminant de même et notamment aux impératifs.

Remarque importante. — Les infinitifs des verbes

de la première conjugaison devant être prononcés avec
le son fermé, les méridionaux ont tort de dire :

envolèr,   *dérobèr,*
oublièr,   *mortifièr.*

etc.

On prononcera donc désormais :

envolé,   *dérobé.*

etc.

même en faisant les liaisons

aimé-ra chanter.

etc.

On retiendra en outre que les mots commençant par
ex, es, exigent que l'*e* soit fermé :

féstin,   *déssin,*
éxcès,   *éxemple.*

etc.

EXCEPTIONS. — *Lesquels, desquels,* renfermant en eux
l'article *les,* s'ouvrent sur leur première syllabe.

TROISIÈME SECTION

—

DES SYLLABES ET DES DÉSINENCES SOMBRÉES.

1. — Remarque. — Le son qui convient à la syllabe *au*
ou *eau* est si peu distinct dans la bouche des méridionaux
que nous croyons utile de faire quelques observations à
ce sujet. Les uns, parce que c'est un usage dans leur
département, disent par exemple :

l'otre   pour   *l'autre,*

povre   *pauvre.*

etc.

Et la plupart s'expriment de même par la raison qu'ils
croient gasconner en prononçant longuement et guttura-
lement :

l'aûtre,

paûvre,

dont le son de *au* est presque celui de *ou* dominé par la
voyelle *o*.

Un moyen d'arriver à saisir cette nuance est de répéter alternativement *ou* et *au*. On verra alors que, si le
son de *ou* part du fond de la gorge pour s'en venir expirer dans la région supérieure du palais, ou plutôt contre les parois intérieures du facies, celui de *au*, partant

2.

du même siége, retentira plus clairement sous la coupole palatale qui, à son tour, le renverra sur les hémicycles dentaires, sans le laisser monter dans la tête, ce qui rendrait *ou*, ni descendre sur les lèvres, ce qui ferait entendre *æ*. C'est-à-dire, un *o* mitigé de *e* dont le son est celui de l'*o* bref.

Ceci considéré, retenez que tous les *o* suivis des syllabes *sité* ou d'une *s* et d'un *e* muet, sont longs et sombres, c'est-à-dire équivalents à *au*.

Conséquemment on prononcera :

animòsité,　　*génêròsité,*　　*défectuòsité.*

etc.

rôse,　　　*pôse,*　　　*j'òse,*

j'impôse,　　*glòse,*　　*j'interpôse.*

etc.

RemarQUE. — Pour savoir si un *o* que l'on rencontre dans le corps d'un mot est long, on n'a qu'à s'assurer si ce mot décomposé peut finir en *ose* à l'indicatif. Exemple :

j'arrose　　　*arrôsoir,*

j'interpose　　*interpòsition,*

j'expose　　　*expôsition.*

etc.

Observez toutefois que dans les mots comme

opposition,　　*opposé.*

etc.

Si le second *o* est long, le premier reste bref.

2. — Des *o* brefs.

Tous les *o* qui échappent à la règle précédente sont brefs et se prononcent à peu près ainsi :

vœl	pour	*vol,*
courœnne		*couronne,*
bœnne		*bonne,*
œccasion		*occasion,*
frivœle		*frivole.*
	etc.	

L'élève intelligent accusera la voyelle *o* un peu plus fortement que l'*e* qui lui est attenant.

Il est bien entendu que les *o* naturellement surmontés d'un accent circonflexe, comme dans :

pôle,   *trône,*
etc.

sont longs de droit. Toutefois ceux des mots ci-dessous le sont par analogie.

nôs,	*vôs,*	*grôs,*	*Vôsges,*
yôsier,	*grôseille,*		*rôseau,*
grôssier,	*grôsse,*		*grôsseur.*

et les suivants par exception :

ôdeur,	*ôdieux,*	*émôtion,*
zône,	*pôëte,*	*ôtage.*
ôdeur,	*ôdorat,*	*ôdorant.*

AUTRE REMARQUE. — Le substantif hôtel quoique prenant un accent circonflexe se prononce

hœtel.

pour se distinguer de *autel* où se dit la messe.

rôtie,   rôti.

perdent aussi leur accent, nous ignorons pourquoi.

———

3. — Des désinences en *ot.*

—

paletôt,   pierrôt,
canôt,   abricôt,
sabôt,   coquelicôt.
etc.

Exceptez-en

dot.

dont l'*o* est bref.

———

4. — Des désinences en *o.*

—

maëstrô,   Castrô,
pianô,   Piétrô,
foliô,   imbrogliô.
etc.

Il ne faut pas oublier que l'*o* sombre est équivalent à
la syllabe *au.*

———

5. — Des syllabes en *au, aux, eau.*

—

eaû,   *métaûx,*
étaû,   *landaûs,*
aûtre,   *aûbe,*
chapeaû,   *faûx.*

etc.

Exceptions. — Prononcez brèvement comme *œ*

caustique,   *aurore,*
autorité,   *augmenter,*
restaurant,   *centaure,*
centaurée,   *laurier,*
mauvais,   *encaustique,*
maure,   *taureaû,*

———

j'aurai,   *tu auras,*
il aura,   *nous aurons.*

etc.

pour toute la conjugaison.

——

Même application à celle du verbe *autoriser.*

———

Chose étrange on prononce brèvement

Paul.

et longuement

Paûline.

———

6. — Des désinences traînées en *euil, eu, eux.*

—

Prononcez un peu en *u :*

fauteûil, *cercûeil,*
deûil, *accûeil,*

etc.

De même pour

Dieû, *feû,*
vœû, *cheveûx,*
vieûx, *milieû.*

etc.

Il faut laisser expirer le son de *eu* sur la lèvre infé-
rieure en refermant un peu la bouche.

QUATRIÈME SECTION

—

DES DÉSINENCES GRAVES

———

La résonnance grave applicable à la voyelle *a* et parfois à la syllabe *ois* se rend par un son parfaitement
plein sortant de la bouche arrondie, mitigé de l'*o* et de
l'*a*, mais tenant bien plus de cette dernière voyelle que
de la première. Ce qui fait à peu près ceci :

Il va de soi-même qu'elles doivent être simultanément
fondues dans l'émission.

Sont compris dans cette classification :

1. — Toutes les désinences et mots en *as* au singulier.

—

âs,   *matelâs,*   *tâs,*
pâs,   *repâs,*   *hélâs,*
trépâs,   *embarrâs,*   *tracâs,*
gâz,   *râs,*   *câs.*

etc.

Exceptez-en *bras* dont l'*a* est simple.

Remarque. — *Acacia, paria,* etc., ne prenant pas d'*s* au singulier se prononcent simplement ; ainsi que les mots en *at* au pluriel.

soldats,   *combats,*
états,   *plats.*
etc.

Mât, bât, étant surmontés d'accents circonflexes appartiennent à la famille des mots graves. Du reste, il est évident que toutes les voyelles gouvernées par des accents subissent des modifications sous ces derniers.

Toutefois, *voilà, à, là,* perdent leur accent.

---

2. — Les désinences en *asse* dérivant des radicaux en *as* au singulier ou se prononçant de même par analogie orthographique.

---

bàs,   *bâsse,*   *calebâsse,*
tàs,   *entâsse,*   *entâssé,*
amàs,   *amâsse,*   *amâssé,*
ramàssé,   *gràs,*   *grâsse.*
etc.

---

3. — Les désinences en *ase.*

---

bâse,   *extâse,*   *écràse,*
ràse,   *embràse,*   *vâse.*
etc.

---

4. — Des désinences en *aille*.

—

victuaîlle,	*raîlle,*
ferraîlle,	*canaîlle,*
volaîlle,	*valetaîlle.*

etc.

Exceptez-en : *je travaille, tu travailles,* etc.

———

5. — Les substantifs et adjectifs suivants

—

boîs	à brûler,
troîs	l'adjectif,
moîs	de l'année,
l'oîe	bipède,
poîds	qui accable,
foîs	substantif.

Sans doute pour se distinguer de :

je bois	verbe,
Troie	ville,
moi	pronom,
loi	qui civilise,
pois	petits pois.

———

sournois,	*grivois,*
j'entrevois,	*rois.*

etc.

se prononcent simplement.

6. — Les désinences en *ation*

—

tentâtion,   *ostentâtion,*
occupâtion,   *observâtion.*
          etc.

Pourvu que l'*a* soit immédiatement suivi d'un *t*. **Exac-***tion,* etc., échappent à la règle.

Observation rétrospective. — Les syllabes sombrées et graves, sur lesquelles nous avons attiré l'attention de nos élèves, conservent invariablement leur accentuation figurée quelle que soit la place qu'elles prennent en se métamorphosant pour former d'autres mots.

Exemple :

aùbe,   *chapeaù,*
faùteuil,   *eùillet.*
          etc.

TABLEAU A RETENIR

Cette accentuation est exigible en parlant seulement.

àrt,	*câble,*	*gàzon,*
accàble,	*condàmné,*	*hàvre,*
avocàt,	*calàbre,*	*jâses,*
blàson,	*candelàbre,*	*màrron,*
bàcle,	*càbre,*	*màrraine,*
bàrre,	*clàsse,*	*miràcle,*
bàrré,	*cràsse,*	*nàvré,*
brâsier,	*chàle,*	*occàsion,*
càrrotte,	*diàble,*	*opàle,*
càrrure,	*déclàme,*	*pàrrain,*
càrré,	*délàbre,*	*pàvé,*
càrreau,	*esclàve,*	*ràcle,*
càdre,	*éràffle,*	*ràclé,*
cadàvre,	*fàble,*	*ràre,*
chocolàt,	*flàmme,*	*ràle,*
climàt,	*gàgner,*	*réclàme.*

Remarque. — *Art* perd son accent en se décomposant.
Artiste, artistement, etc. *Cadàvre* fait *cadavéreux. Avocàt*

fait *avocate*. *Esclâve* fait *esclavage*. Les autres mots ne subissent pas de modifications.

Tel qu'il est nous l'avons dit, cet exposé euphonique doit être parfaitement complet. Si, par inadvertance, nous avons fait des omissions, elles sont donc en assez petit nombre pour que le lecteur zélé n'ait pas à s'en inquiéter.

Mesdames les Institutrices qui ont recours aux professeurs du Nord, désireuses qu'elles sont de doter leurs élèves d'une bonne prononciation, devraient se dissuader de croire qu'il est suffisant de bien parler dans une classe pour que les enfants suivent cet exemple d'une manière rationnelle.

Avant toute chose il faut donner des règles solides et punir qui ne les applique pas à propos s'il y a négligence. — Or, les nôtres (les véritables) n'ont pu être communiqués jusqu'à ce jour, par la raison qu'on n'a jamais fait un travail spécial pour les enfants du Midi.

Aussi qu'arrive-t-il? que ces demoiselles, en sortant de pension s'expriment avec un accent hétérogène d'autant plus navrant, que, par sa laideur affectée, il décourage d'avance quiconque essaie de mieux parler.

En un mot, quand par hasard nos jeunes filles se souviennent qu'une bonne énonciation est le vernis de l'éducation, elles prennent tout à coup leur accent des fêtes carillonnées. — Car elles en ont un pour la semaine.

Exemples :

Dans la semaine :

O Mademoiséle, la béle deantéle que vous avez

miseu à l'autél de Sainte-Catherine! Je voudré bien que vous permissié à ma mére de venir visiter la chapéle. Elle seré bien conteante!

Pour les fêtes carillonnées :

O Mademoisàlle, la bâlle dôntâlle que vous avez miseu à l'autâl de Sainte-Catherine ! je voudré biân que vous permissièz à ma mâre de venir visitâ la chapâlle. Alle seré bian contônte!

Ce que nous disons là est de l'histoire pure. Nous le ferons constater le cas échéant.

On évitera cette cacophonie en se cramponnant aux distinctions euphoniques et surtout en se donnant la peine de remuer les lèvres.

La bouche ouverte fait bien entendre *a, é. i, o, u, ou, eu, an, in, on, un,* mais les *blo, tré, cra, vra,* etc., sont du ressort labial.

LECTURE A HAUTE VOIX

ET

RAFFINEMENT

L'art de bien lire repose sur deux choses essentiellement importantes :

La netteté et la division ; l'une est pour, ainsi dire, l'intelligence du mot, l'autre celle de la phrase. Les observations qui se groupent autour n'en sont que les conséquences.

A la netteté, il faut indispensablement joindre la quantité ; car si la première nous donne ceci :

Mon-â-me-glo-ri-fi-e-le-Sei-gneur.

La quantité nous donne cela :

Mon âme glorifie le Seigneur.

Il est donc nécessaire de filer assez longuement le son pour unir entre eux, sans secousse, les syllabes et les mots qui composent une phrase jusqu'à ce que le sens, en en suspendant la durée, amène la division. — De là, la phraséologie.

Cette dernière, qui se révèle au lecteur par la ponctuation, ne laisse pas d'avoir de petits secrets que l'habileté seule possède ; car les virgules peuvent quelquefois ne point jalonner assez souvent un assemblage de mots pour que le lecteur puisse en soutenir le jet sans être essoufflé.

Reste la respiration, dans laquelle il faut considérer parfois un simple élargissement sans l'interruption du son.

Ces observations analysées, doublées de notre expérience, nous permettent de donner les conseils suivants à nos élèves :

1º Accentuez chaque syllabe et liez-les à l'aide du son filé pour atténuer le martellement occasionné par l'articulation. — Le lecteur qui sait soutenir la voix sur un mot a le temps d'épeler le suivant de l'œil et ainsi de suite.

2º Écoutez-vous sans cesse pour vous assurer que vous parlez dans le même registre de voix. L'inhabileté, au lieu de la faire résonner dans la poitrine, la laisse monter dans la tête et provoque l'enrouement.

3º Fixez lentement la virgule et lisez recto-tono tant que vous la rencontrez. Faites sentir que vous allez baisser le ton au point et virgule et baissez-le au point.

Pour ce qui est des deux points, quand il y a véritablement citation, ou plutôt répétition solennelle de chose dites antérieurement, on doit, devant elle, tronquer le son qu'on paraît disposé à vouloir prolonger, — c'est-à-dire le couper dans son élan horizontal après l'avoir soutenu environ la moitié de sa durée et sans le laisser choir — respirer, puis le reprendre plus haut en soulignant la citation par une accentuation un peu accusée.

Exemple :

Dieu dit : *Tu souffriras ce que tu fais souffrir!*

En tout autre cas, un simple élargissement est suffisant.

4° Respirez aussi souvent que possible pour retenir la voix dans le médium d'abord, et prévenir l'épuisement ensuite.

Quand les virgules, devant lesquelles on reprend haleine ordinairement, ne se présentent pas assez vite dans le corps d'une phrase pour le permettre au lecteur, il est du ressort de son intelligence d'en diviser lui-même les membres à cet effet, sans laisser tomber le ton toujours, pourvu que le sens ait été respecté.

Exemple :

On appelle clarté (respirez) *celle qualité du style qui fait que tout se comprend aisément, que rien n'arrête, que rien n'embarrasse l'esprit de celui qui lit* (respirez) *ou qui écoute.*

Il serait donc mauvais de dire :

On appelle clarté celle qualité — du style qui fait que tout — etc.

Mais si, au contraire, les virgules sont par trop rapprochées les unes des autres, pour ne pas hacher les phrases par une respiration abusive, on a recours à un simple élargissement, ou appel lent et distinct de mots formant une gradation.

Exemple *(qui doit être dit d'un seul jet)* :

Tombe aux pieds du vieillard — gémis — implore — presse.

5° Habituez-vous à faire toutes les liaisons que le bon

goût tolère, et exigez des enfants un très-grand respect pour cette règle. Outre que l'orthographe et leur énonciation s'en ressentiront, il est élégant pour tout le monde de se familiariser sans affectation avec elles.

Les artistes de la maison de Molière (qui est, comme on le sait, l'académie des lettres) en font usage dans l'intimité avec une simplicité charmante. Mars et Rachel (d'illustre mémoire!) ont fait de même, et l'univers entier s'est incliné devant elles. — Novateurs, inclinez-vous!

Toutefois, il serait disgracieux de faire celles-ci :

coup hardi, pain et vin,

poignard en main, camp ennemi,

bon à entendre, regard incertain,

loup et chien, un an entier,

etc.

Nous sommes forcé de rappeler la règle de la grammaire relativement à l'*n*, dont on ne doit faire la liaison avec la voyelle qui suit que quand le sens n'admet pas de repos entre ces deux lettres. *Mon âme,* etc.

Ne dites donc plus :

vin-né pain,

pour

vin et pain,

etc.

Il est tout aussi déplorable d'entendre :

trois homme ont été noyés,

plusieur autre objets,

etc.

Vous verrez que des novateurs arriveront à conseiller de dire :

vo ami ont dé yeux,

pour :

vos amis ont des yeux,

etc.

Nous supposons qu'on nous prend pour des nègres, dont c'est tout à fait le langage. Garez-vous de l'épidémie, vous qui faites les dictées : vos élèves écriraient comme vous prononceriez! Ne tombe-t-il pas sous le sens que si un enfant a l'habitude d'entendre, par exemple :

plusieur z-autre z-objets,

pour

plusieurs autres objets,

etc.,

ce sera un aide-mémoire infaillible pour son orthographe? Incontestablement, si. Nous sommes bien persuadés que, dans un concours, un jeune Parisien l'emporterait sur un méridional de son âge, justement à cause de son usage des liaisons, — à moins qu'il ait passé le Tropique et qu'il ait été mordu par un noir.

Exigez surtout l'usage des liaisons dans l'accord des participes :

ce sont les livres que j'avais laissÉs A *l'école;*
les avis qu'elle a reçus EN *songe.*

C'est un excellent moyen mécanique pour les rompre à une règle devant laquelle ils échouent tous pendant de longues années.

L'élargissement est nécessaire quand des mots de

cette nature sont sujets à équivoque par leur rapproche-
ment :

car — quoi! rien d'assuré!

car — quant à moi...

etc.

En ne détachant pas l'un de l'autre, on s'expose à
laisser sous-entendre :

carquoi, carcan,

etc.

Une accentuation un peu plus accusée est non moins
exigible dans la rencontre de mots dont l'un finit par la
même lettre qui commence le suivant :

pour   réparer,

pour   réveiller,

pour   revenir,

pour   rentrer,

etc.

Sans quoi, l'on entend :

pour   éparer,

pour   éveiller,

pour   venir,

pour   entrer,

etc.

De même pour :

avec crainte,

il-le faut,

mes sens-sont saisis,
personne-ne le sait,
etc.

Observez très-rigoureusement l'élision de l'*e* muet dans le jet d'une réunion de mots, et accusez assez fortement la voyelle qui la motive :

Pour vous PER—DR—IL *n'est point de ressort qu'il n'invente,*
Quelquefois il vous plaint, souvent MÊ—MIL *vous vante.*

Abner chez le grand PRÈ—TRA *devancé le jour.*

ELL—ALLA *crier famine...*
etc.

L'oreille habituée à la pureté du langage est toujours blessée par ces espèces d'hiatus :

Pour vous PERDREU *il n'est point de ressort qu'il n'invente,*
Quelquefois il vous plaint, souvent MÊMEU *il vous vante,*
etc.,

qui font des vers que les muses ne reçoivent pas et que la prose elle-même ne saurait supporter. Nos conseils sont applicables à la lecture des poésies. La rime doit être un détail, quand on se guide exclusivement sur la ponctuation.

Quant à la position du lecteur, soit assis, soit debout, il doit se tenir le buste droit, le pied et l'épaule gauches en avant, pendant que l'autre côté du corps s'efface un peu.

La tête modérément élevée, et dont la physionomie

se montre en entier, afin que la voix porte directement dans l'auditoire, doit dominer le livre que tient la main gauche et dont le pouce et le petit doigt retiennent les feuillets que tourne la main droite.

Nous croyons maintenant nous être assez étendus pour que l'élève studieux qui analysera nos observations puisse en ressentir les bons effets, en les mettant en pratique. Pour ce qui est des intonations, il les trouvera de lui-même dans son naturel. Vouloir en **préciser** les nuances par écrit est impossible d'ailleurs ; ce serait tomber dans le verbiage, et en cela nous n'imiterons pas nos devanciers.

RAFFINEMENT.

Première remarque relativement à la résonnance variable de certains mots.

suivi de :

tous

ceux	*ces*	
nos	*vos*	
mes	*tes*	*ses*
les		

et d'adjectifs numéraux cardinaux quelconques :

tous trois,   *tous deux,*
tous cinq,   *tous dix,*
etc.,

se trouve à peu près dans les seuls cas où l's qui exprime la pluralité ne se fait point sentir.

Mais il faut l'entendre dans :

Et TOUS *devant l'autel avec ordre introduits.*
Ils sont TOUS *restés sur le champ de bataille,*
etc.

Cerf et *nerf*

font au singulier comme au pluriel :

cer   *ner*

et :

ner z-agacés,   cer z-en course,

etc.,

suivis de voyelles.

respect et *aspect*

font :

respè   aspè

non suivis de voyelles. Quand ils le sont le *t* s'annule et le *c* résonne.

respec aux vieillards
aspec effrayant.

Les adjectifs cardinaux *cinq, six, sept, huit, neuf, dix,* suppriment leur dernière lettre, suivis de mots quelconques, non commençant par une voyelle.

cé francs pour *sept francs,*
cin jours   cinq jours,
etc.

Mais elles résonnent dans les cas suivants :

je croyais n'avoir que six francs, j'en ai sept ;
je me trompais je n'en ai que cinq,
etc.

C'est-à-dire quand ces adjectifs finissent complétement une phrase. Même règle pour :

quarante-six,   soixante-neuf;
etc.

On sait toutefois qu'on prononce

  dise-sept, *dise-huit,* *dise-neuf,*

pour

  dix-sept, *dix-huit,* *dix-neuf,*

quoique l'adjectif *dix* soit suivi d'un autre mot. C'est la seule exception.

Deuxième remarque relativement aux syllabes en *ayre, aye, eyre, eye.*

Quoique ces consonnances ne se rencontrent en grande partie que dans les noms méridionaux, il est souverainement disgracieux de prononcer l'*y* dont ils se composent, comme s'il était surmonté d'un tréma.

Ainsi pour dire :

  monsieur Lapeyre,

quand on doit prononcer :

  Lapère,

on dit

  Lapeÿre.

C'est toujours un grand tort. Ce nom, originaire du Midi, qui signifie en patois languedocien *La pierre,* doit être prononcé en bon français, étant francisé. Nous pouvons affirmer que l'on nous a, à nous-même, ri au nez, quand, en désignant des gens du Nord, de l'Est et de l'Ouest, nous avons prononcé ces noms ainsi. Ne dites donc plus :

Lapereÿre

ni

Ribeÿre   (rivière)

De même pour

Castaney,   *Técheney,*
Tournay,   *Deshaye,*
etc.,

prononcez :

Castanei,   *Téchenai,*
Tournai,   *Déhai,*
etc.

On écrirait

Castaneille,   *Técheneille,*
Tournaille,   *Désaille,*

s'il fallait que ces noms se prononçassent ainsi.

———

Troisième remarque relativement à l'aphonie des lettres *s, c, z, t,* **dans les noms propres, verbes et substantifs.**

—

Ne dites plus :

Messieurs Dé—sjardin,
    — *Dé—srosier,*
    — *Dé—splace.*

Mais bien :

— *Dèjardin,*
— *Dèrosier,*
— *Dèplace,*
etc.,

par la raison qu'il est instinctivement facile de s'assurer, si nous y réfléchissons, que la première syllabe de ces noms tient lieu de l'article contracté dans sa signification. « *Des* » étant donc là pour « *de les* », on doit admettre la suppression de l's puisqu'on ne saurait dire :

de les—jardins,
de les—rosiers,
de les—places,
etc.

Cette règle est applicable à tous les noms commençant par un article sous-entendu, même quand le substantif n'est pas intelligible.

Desbalz, Descourtilz,
etc.

Il est bien entendu qu'il y a exception quand l'article est suivi d'une voyelle :

Désadresse,
Dézardenne,
etc.

———

Quand vous aurez à prononcer des noms terminés par

s, x, z, t, ne faites jamais sonner la dernière lettre , dites :

Despla   pour   *Desplat,*
Roubai   *Roubaix,*
Rou   *Roux,*
Crou   *Croutz,*

etc.

Ce dernier sifflement surtout « *tz* » est uniquement méridional.

Exceptez-en ceux dont l'*s* est doublée à la terminaison.

Messieurs Doress,   Malescass,

etc.

———

De même, il est suffisant d'entendre :

il pleu   pour   *il pleut,*
il est lai   *il est laid,*
il di   *il dit,*
du lai   *du lait,*
un li   *un lit,*
un cha   *un chat,*

etc.

———

En désignant des noms tels que :

Praslin,   Caslin,
Laisnier,   Liesnard,

etc.,

ou autres noms composés d'*s*, supprimez-la et dites :

Pralin,   Calin,

Laînier,   Liénard,
etc.

L'accent du Nord le veut ainsi.

———

Concluons d'après ces observations, que les noms étrangers ont seuls le privilége d'avoir une prononciation à part, et que la majeure partie de nos noms propres étant formés d'adjectifs pris substantivement, bien que vagues, nous devons les prononcer comme ces derniers. Le bon sens nous en fait naturellement trouver la preuve dans ceux-ci :

c'est un câlin,
c'est un lainier.

On retiendra, toutefois, que les noms de l'histoire ancienne, grecque et mythologique, sont régulièrement sonnants dans leurs terminaisons.

Tels sont :

Vercingétorix,	*Léonidas,*
Japix,	*Midas,*
Perdix,	*Abas,*
Béatrix,	*Narbas,*
Paris,	*Pélopidas,*
Laïs,	*Barabas,*
Pyrrhus,	*Britannias,*

etc.

Il faut même faire entendre toutes les lettres.
Exception :

Judâ pour ***Judas.***

———

Remarque. — Les noms terminés en *as* participent à la règle des mots graves en *as*.

***

Quatrième remarque relativement aux pronoms *en, on.*

—

Nous constatons que les méridionaux, voulant dire :

j'en ai,   on a,

prononcent

jané,   aûna.

Cette suppression inexpliquée de l'*n*, indubitablement attenant à la voyelle qui précède, est toujours d'un effet choquant.

On prononcera donc :

j'an-nai

on-na.

Même règle pour

il y en a,   en effet,

etc.

Prononcez bien :

il ian-na,   an-néffet,

etc.

Cinquième remarque relativement au vice d'élocution dans la prononciation du double *n*.

—

On ne doit pas dire :

> *Sainte-An-ne.*

ni

> *an-née.*

Mais bien :

> *Sainte-Ane,   anée.*

Le nom d'Anne prononcé *Ane* ne sera jamais sujet à équivoque pour quiconque y réfléchira ; car malgré la consonnance qui semblerait au premier chef, vouloir l'assimiler au substantif *âne* (l'animal), on doit observer que le nom d'Aliboron, ronflant comme sa seigneurie, est couronné d'un immuable diadême circonflexe.

Quand on devra faire entendre simultanément les deux *n*, ainsi que l'exigent certains noms et mots, tels que :

> *annihiler,   Anna,*
> *Jenny,   annuler,*
>   etc.,

on prononcera l'*n* à l'allemande :

> *ann-nihiler,*
> *Ann-na,*
> *Jenn-ni,*
> *ann-nuler,*
>   etc.,

comme on dit :

Herman,   Hoffman,
etc.

Pour bien prononcer les doubles consonnes, il faut vouloir faire tomber la première sur un *e* muet en lançant la voix, et cependant ne pas le faire entendre. De plus, on appuie fortement la seconde sur la voyelle qui suit. Exemple. Pour dire *incommensurable :*

income,

retirez l'*e* en prononçant *m*, vous obtiendrez

incom.

En laissant retomber la voix, appuyez une seconde *m*. sur la syllabe *en*, vous obtiendrez parfaitement

incommen-surable.

Ainsi de suite pour les deux, *l, m*, etc.

———

Sixième remarque relativement à la prononciation simultanée des deux *m, l, r*.

——

RÈGLE A PEU PRÈS GÉNÉRALE. — Chaque fois que deux *m* se trouvent entre deux voyelles, quand elles ne s'appuient point sur un *e* muet final, ainsi que dans *homme pomme*, etc., on doit les faire entendre :

imm-oral,   imm-odère,

imm-euble,   imm-aculé,
imm-uable,   imm-ense,
etc.

L'usage indique l'infinie exception. On ne dit pas par exemple :

mes homm-ages,
une comm-ode,
mais bien :
homages,   comodes,
etc.

Il est indispensable, en outre, de ne pas bien prononcer les deux *l*, dans les mots et noms tels que :

bell-iqueux,
Apoll-on,
Nell-y,
Lucull-us,
appell-ation,
etc.

Même règle pour les deux *r* :

irr-évérence,
irr-espectueux,
irr-éfléchie,
err-eur,
arr-êt,
corr-ection.,
etc.

REMARQUE. — A part quelques noms, comme *Gambetta*, le double *t*, se fait rarement entendre. Le double *p* jamais. On prononce *apel*, pour *appel*, etc.

Septième remarque sur différentes expressions.

—

On voudra bien faire abnégation d'amour-propre en reconnaissant qu'un vice du terroir nous fait assez généralement laisser entendre un malcontreux *g*, mitigé du *c* dans l'élocution :

en haut.

que l'on prononce

engc haut.

L'effet en étant on ne peut plus scandaleux, on lui signifiera son congé en prononçant tour à tour et bien distinctement :

en haut.

———

Comme au pluriel on dit :

les eaux.

il faut distinguer *os* de *eau* et prononcer brèvement

des œs   pour   *des os.*

L'*s* se fait toujours entendre.

———

Nous demandons qu'on ne dise plus *eu* quand il est question de la voyelle *e*. Rien n'est plus choquant que d'entendre :

c'est un neu.

Au pluriel pourrait-on dire :

des eu

Assurément non ; on croirait qu'il est question d'œufs durs ou à la coque.

Puisque la grammaire dit : il y a trois sorte d'*é* : l'*e* muet, l'*é* fermé, l'*é* ouvert, pourquoi ne pas prononcer *ai* en ajoutant *muet* s'il y a lieu ?

———

Quoique l'orthographe permette d'écrire :

cuillère

avec ou sans *e* final, gardez-vous de vous servir de cette expression :

un cueillé,

ou de cette autre plus ridicule encore :

une cuillée.

La licence affectée, est plus outrageante pour l'oreille qu'une faute grossière simplement exprimée.

———

Dans les verbes de la troisième conjugaison, tels que *prévoir*, dites bien :

nous prévoyons,
vous prévoyez.

pour les deux personnes du pluriel de l'indicatif, et :

nous prévoi-ions,
vous prévoi-iez,

pour l'imparfait et le subjonctif présent.

Même application à :

nous lou-ions,

vous lou-iez,

que nous lou-ions,

que vous lou-iez,

nous jou-ions,

nous gagn-ions,

etc.,

enfin à tous les verbes où l'*i* sert à faire distinguer l'imparfait de l'indicatif.

Par contre, ne dites plus :

que je prévoi-ieu,

que tu prévoi-ieu,

qu'il prévoi-ieu,

etc. ;

que je prévoi,

que tu prévoi,

qu'il prévoi,

etc.,

est parfaitement suffisant quant à la terminaison.

———

Si on nous permet une dernière observation, quand deux amis, dont un du Midi, se rencontreront, ce dernier ne l'abordera plus en lui disant

adieu,

pour bonjour. Cette interjection elliptique sous-entendant un vœu suprême :

à Dieu plaise que nous revoyons près de lui...

où :

à Dieu je vous confie...
etc.,

ne peut être faite, on le comprend maintenant, qu'au moment d'un départ pour au moins huit jours. En tout autre cas, on dit :

bonjour,   *bonsoir,*
à revoir,   *à bientôt,*
etc.

Des milliers d'autres locutions, que nous pourrions faire remarquer ici, ont cours dans nos contrées ; mais en considérant que si elles ne sont pas françaises, elles sont subordonnées aux férules grammaticales, nous devons faire observer qu'il est impossible de traiter pour tous les départements en particulier. On doit savoir sa langue avant tout.

APPENDICE

DES SYLLABES NASALES.

Nous ne dissimulerons pas que l'écueil le plus épi-
neux pour la correction d'un accent méridional, c'est la
manière d'émettre le son des syllabes nasales. Malheu-
reusement nous ne pouvons que donner un conseil à ce
sujet, nous voyant dans l'impossibilité de figurer ceux
qui leur conviennent.

Prononcez à la parisienne ;

an,   in,   on,   un,

en ayant soin toutefois, de vous évertuer à conquérir
la netteté de la voyelle tonique.

Distinguez bien :

an   d'avec   *on*
in   *un.*

Attaquez pleinement la voyelle, filez le son sans secousse pour éviter cette espèce de rebondissement qui
fait entendre :

Ferdineu-and   pour   *Ferdinand,*
chaudreu-on   *chaudron,*

chaqeu-un   *chacun,*
chagré-in   *chagrin,*

etc.

Que l'affectation ne vous fasse pas dire non plus :

Ferdinôn pour *Ferdinand,*
Chacân   *chacun,*

etc.

Observez-vous surtout dans les finales en :

ien

comme

bien

que l'affectation fait prononcer

biân.

Il faut que l'on entende distinctement chaque voyelle tonique :

an,   *in,*   *on,*   *un,*

L'élève studieux saisira cette nuance sans se croire obligé d'ouvrir la bouche au point de se décrocher la mâchoire.

---

2. — De l'aphonie de l'*e* muet.

—

N'en déplaise au proverbe gascon :

Les lettres sont faites pour être prononcées,

nos élèves s'habitueront désormais à la suppression

absolue de l'*e* muet partout où il le rencontreront, mais **en** prononçant fortement la lettre précédente :

Exemple :

NE DITES PLUS	DITES
remuement	*remûment*
colère	*colèr'*
je vous salue	*j' vous salû'*
je vais à l'école	*j' vais à l'écol'*
cimetière	*cim'tièr'*
je demande	*j' demand'*
je contemple	*j' contempl'*
c'est le vôtre	*c'est l' vôtr'*
fidèle	*fidèl'*

etc.

Par ce moyen on obtiendra de la vigueur dans le parler, en le débarrassant d'un martellement monotone qui ressemble assez au bruit énervant des machines à coudre.

Toutefois l'*e* de certains temps futurs doit être parfaitement entendu :

> *j'appèllerai,*
> *j'éclaireurai,*
> *j'erreurai.*

pour

> *j'appellerai,*
> *j'éclairerai,*
> *j'errerai.*

etc.

La suppression de l'*e* ne peut avoir lieu non **plus** quand il est immédiatement suivi d'*u* :

peut-être,   déjeuner,

etc.

On sent parfaitement que « *eu* » étant une **syllabe**, **elle ne** saurait être retranchée d'un mot.

p—têtre,   déj—ner,

etc.

TABLEAU

DE MOTS GÉNÉRALEMENT MAL ARTICULÉS

VICE

ON DIT	POUR
accompanié	accompagner
appu-ié	appuyer
angui-le	anguille
alieurs	ailleurs
abbaille	abbaye
avé	avec
accroque	accroc
alorse	alors
a-oût	août
anisse	anis
avisse	avis
Amiensse	Amiens
aujord'hui	aujourd'hui
bienfésant	bienfaisant
bu	but
frit	fruit
Camileu	Camille
concoursse	concours
contrefésant	contrefaisant
cuisigné	cuisinier
croque	croc
cahosse	cahos
coursse	cours
condan-né	condamné
côan	coin
dangéreux	dangereux
destérité	dextérité

CORRECTION

PRONONCEZ	POUR
accompa-gner	accompagner
appui-ier	appuyer
anguie	anguille
a-ieurs	ailleurs
abbé-yi	abbaye
aveque	avec
acraû	accroc
alor	alors
oût	août
ani	anis
avi	avis
Amien	Amiens
au-jour-d'hui	aujourd'hui
bienfeusant	bienfaisant
bute	but
fru-it	fruit
Camie	Camille
concour	concours
contrefeusant	contrefaisant
cui-si-nier	cuisinier
craû	croc
cahaû	cahos
cour	cours
condâné	condamné
cô-in	coin
danjeureux	dangereux
dec-stérité	dextérité

VICE

ON DIT	POUR
diversse	divers
daû	dot
donque	donc
douleureux	douloureux
déjner	déjeuner
escuse	excuse
extropier	estropier
esprès	exprès
esquisse	exquis
espression	expressions
ézaque	exact
estréme	extrême
escaûmugné	excommunier
anui	ennui
énivré	enivré
empronter	emprunter
estaûmaque	estomac
fégnan	fainéant
fesan	faisan
grand'mère	grammaire
gensse	gens
gageure	gageure
indompetable	indomptable
intimément	intimement
instincte	instinct
inconvégnan	inconvénient
inquétude	nquiétude

CORRECTION

PRONONCEZ	POUR
diver	*divers*
dott	*dot*
don	*donc*
dou-lou-reux	*douloureux*
dé-jeu-ner	*déjeuner*
ec-scuse	*excuse*
ess-tropier	*estropier*
ec-sprès	*exprès*
ec-squi	*exquis*
ec-spré-cion	*expression*
ec-zactt	*exact*
ec-strême	*extrême*
ec-scomuni-er	*excommunier*
en-nui	*ennui*
en-nivré	*enivré*
empreunter	*emprunter*
estoma	*estomac*
féné-an	*fainéant*
fésan	*faisan*
gramm-maire	*grammaire*
jan	*gens*
gajûre	*gageure*
indontable	*indomptable*
intimeument	*intimement*
instin	*instinct*
inconvé-ni-an	*inconvénient*
inqui-étude	*inquiétude*

VICE

ON DIT	POUR
jou	joug
lôan	loin
La-on	Laon
magnère	manière
môale	moelle
mœur	mœurs
moinsse	moins
malreux	malheureux
monsieur	monsieur
mécredi	mercredi
mañyen	moyen
ostination	obstination
ouagnon	oignon
aupraube	oprobre
ostacle	obstacle
prérauyance	prévoyance
prompetitude	promptitude
pieux	pieux
paisant	pesant
périle	péril
parfeume	parfum
praupe	propre
pañgnard	poignard
pa-on	paon
pasque	parce que
peuble	peuple
papéterie	papeterie

CORRECTION

PRONONCEZ	POUR
jougue	*joug*
lô-ain	*loin*
Lan	*Laon*
mani-ère	*manière*
mô-élle	*moelle*
mœursse	*mœurs*
mô-ain	*moins*
mal-heureux	*malheureux*
meussieur	*monsieur*
mer-credi	*mercredi*
moi-ien	*moyen*
obe-stination	*obstination*
ognon	*oignon*
o-pro-bre	*oprobre*
obe-stacle	*osbtacle*
pré-voi-iance	*prévoyance*
prontitude	*promptitude*
pi-yeux	*pieux*
peusant	*pesant*
péri	*péril*
parfun	*parfum*
pro-pre	*propre*
poi-gnard	*poignard*
pan	*paon*
par-ce-que	*parce que*
peu-ple	*peuple*
papeuterie	*papeterie*

VICE

O	POUR
pressage	présage
réllement	réellement
santifier	sanctifier
san	sens
saülanél	solennel
supertition	superstition
subzister	subsister
sugérer	suggérer
sinifier	signifier
espéculation	spéculation
tamieux	tant mieux
rersse	vers

CORRECTION

PRONONCEZ	POUR
pré-zage	présage
ré-é-lement	réellement
sanque-tifier	sanctifier
sensse	sens
solenn-nel	solennel
supersse-ti-cion	superstition
subcister	subsister
suc-gérer	suggérer
signi-fier	signifier
spéculation	spéculation
tant-mieux	tant mieux
ver	vers

DE LA VIBRATION

L'exercice de la vibration est le moyen le plus infaillible que l'on puisse employer pour obtenir de la netteté
dans la parole et de la force dans la voix. Quiconque a
le pouvoir de rouler l'*r* au bout de la langue est exempt,
disons-le, de vice de prononciation. Il peut, en forçant
trop, pécher par l'exagération, mais, en ce cas, l'abus est
un défaut, non un vice.

Le chanteur qui, se fiant à notre expérience, tiendra
compte de nos bons avis, obtiendra, outre la pureté de
diction, un développement incroyable dans les sons; car
la vibration attire bientôt la voix sur les lèvres et dé-
barrasse la glotte d'un grasseyement qui l'y retient cap-
tive en pesant lourdement sur elle. — Les orateurs pro-
fiteront de ce conseil.

Quant aux professeurs chargés de faire faire la lecture à haute voix à leurs élèves, nous les prions instam-
ment de procéder chaque fois, par les exercices vibratoires ci-joints et qui ne demandent pas plus de six à
huit minutes pour être faits au complet en commun.

Il faut avoir expérimenté notre système, pour com-
prendre les services importants qu'il peut rendre, sous
le rapport de la facilité d'articulation et de l'économie
du temps.

N'est-il pas présumable, en effet, que si les élèves

sont rompus à l'avance par des exercices, aux difficultés de la langue parlée, on n'aura pas à leur faire répéter partiellement chaque mot jusqu'à huit et dix fois, alors qu'ils s'expriment mal ?

Comment s'en empêcher en entendant :

escaûmugné   pour   excommunier

et presque :

Fagance   pour   France.

Ce qui est navrant à penser, c'est que ces mêmes enfants, pour la plupart, se font par la suite prêtres, avocats, médecins et professeurs ; enfin, embrassent des carrières devant lesquelles de pareilles imperfections du langage deviennent quelquefois un obstacle invincible pour leur avancement.

Comment un prêtre gagnera t-il les cœurs s'il n'est sympathique par les charmes d'une diction pure ?

L'avocat sera-t-il persuasif, s'il prête à l'ambiguïté par un accentuation insolite ?

Le professeur qui veut être explicite, le sera-t-il, en effet, s'il débute par la confusion des syllabes dans la construction des mots auxquels il fait appel pour rendre sa pensée ?

L'enfant qui apprendra sa leçon, la retiendra-t-il, s'il en laisse le sens dans les combinaisons typographiques qui sont autant d'hiéroglyphes pour lui, tant il estropie les mots ? Il ne faut pas en douter, c'est apprendre que bien prononcer :

Ce que l'on conçoit bien s'énonce clairement,
Et les mots pour le dire arrivent aisément.

On en conviendra donc, il est de toute nécessité de faire nos exercices vibratoires, si l'on veut faire des progrès sérieux dans l'art de parler.

Le penseur qui aura suivi nos conseils, fera passer les choses les plus médiocres, s'il sait s'exprimer adroitement; car, nous répétons encore, qu'il n'est pas suffisant de bien écrire pour être orateur. Un homme comme l'éminent Jules Favre peut avoir réuni en lui, par un travail exceptionnel, le génie du débit à celui de la pensée; mais on a qu'à se rappeler ce qu'a été Talma, pour être convaincu que celui de la diction a quelque crédit sur un auditoire.

CORRECTION DU GRASSEYEMENT

PAR LA VIBRATION

PREMIER EXERCICE

Sur les labio-dentales.

fada	fada	fada	fada	fada
fédé	fédé	fédé	fédé	fédé
fidi	fidi	fidi	fidi	fidi
fodo	fodo	fodo	fodo	fodo
fudu	fudu	fudu	fudu	fudu
foudou	foudou	foudou	foudou	foudou
feudeu	feudeu	feudeu	feudeu	feudeu

DEUXIÈME EXERCICE

Sur les labiales vibrantes.

fra	fra	fra	fra	fra	fra
fré	fré	fré	fré	fré	fré
fri	fri	fri	fri	fri	fri
fro	fro	fro	fro	fro	fro
fru	fru	fru	fru	fru	fru
frou	frou	frou	frou	frou	frou
freu	freu	freu	freu	freu	freu

TROISIÈME EXERCICE

—

Sur les vibrantes labiales doubles

frafrimma	frafrimma	frafrimma
frafrimmé	frafrimmé	frafrimmé
frafrimmu	frafrimmu	frafrimmu
frafrinmo	frafrinmo	frafrinmo
frésimman	frésimman	frésimman
frésimmon	frésimmon	frésimmon

QUATRIÈME EXERCICE

—

Sur les vibrantes labiales chuintantes

frafracha	frafracha	frafracha
fréfréché	fréfréché	fréfréché
frifrichi	frifrichi	frifrichi
frofrocho	frofrocho	frofrocho
frufruchu	frufruchu	frufruchu
froufrouchou	froufrouchou	froufrouchou
freufreucheu	freufreucheu	freufreucheu

chacha	chéché	chichi	chocho
chanchan	chinchin	chonchon	chunchun

CINQUIÈME EXERCICE

—

Sur les vibrantes labio-palatales doubles

frafrall-la	frafrall-la	frafrall-la
fréfrell-lé	fréfrell-lé	fréfrell-lé
frifrill-li	frifrill-li	frifrill-li
frofroll-lo	frofroll-lo	frofroll-lo
frufrull-lu	frufrull-lu	frufrull-lu
froufroull-lou	froufroull-lou	froufroull-lou
freufreull-leu	freufreull-leu	freufreull-leu

SIXIÈME EXERCICE

—

Sur les vibrantes dentales

frardar	dardar	dardar
frerder	derder	derder
frirdir	dirdir	dirdir
frordor	dordor	dordor
frurdur	durdur	durdur
frourdour	dourdour	dourdour
freurdeur	deurdeur	deurdeur

franfrandan	frinfrindin
frunfrundun	frofrondon

SEPTIÈME EXERCICE

—

Sur les palatales vibrantes

frarnar	narnar	narnar
frerner	nerner	nerner
frirnir	nirnir	nirnir
frornor	nornor	nornor
frurnur	nurnur	nurnur
frournour	nournour	nournour
frarneur	neurneur	neurneur

HUITIÈME EXERCICE

—

Sur les labio-palatales appuyées

Pour rendre l'élision de l'e facile sous le **b** : « Semblable à moi, etc. »

blabla	blabla	blabla	blabla
bléblé	blélé	bléblé	bléblé
blibli	blibli	blibli	blibli
bloblo	bloblo	bloblo	bloblo
blublu	blublu	blublu	blublu
bloublou	bloublou	bloublou	bloublou
bleubleu	bleubleu	bleubleu	bleubleu
blanblan	blinblin	blonblon	blunblun

Pour faciliter l'élision de l'e sous le **p** : « Le temple est
profané, etc. »

plapla	plapla	plapla	plapla
pléplé	pléplé	pléplé	pléplé
plipli	plipli	plipli	plipli
ploplo	ploplo	ploplo	ploplo
pluplu	pluplu	pluplu	pluplu
plouplou	plouplou	plouplou	plouplou
pleupleu	pleupleu	pleupleu	pleupleu
planplan	plinplin	plonplon	plunplun

NEUVIÈME EXERCICE

Sur les vibrantes dentales appuyées

Pour faciliter l'élision de l'e sous le **d** : « Craindre et
aimer, etc. »

ardra	ardra	ardra	ardra
erdré	erdré	erdré	erdré
irdri	irdri	irdri	irdri
ordro	ordro	ordro	ordro
urdru	urdru	urdru	urdru
ourdrou	ourdrou	ourdrou	ourdrou
eurdreu	eurdreu	eurdreu	eurdreu
drandran	drindrin	drondron	drundrun

Pour faciliter l'élision de l'e sous le t : « Peut-être aussi, etc. »

artra	artra	artra	artra
ertré	ertré	ertré	ertré
irtri	irtri	irtri	irtri
ortro	ortro	ortro	ortro
urtru	urtru	urtru	urtru
eurtreu	eurtreu	eurtreu	eurtreu
trantran	trintrin	trontron	truntrun

DIXIEME EXERCICE

Sur les vibrantes labiales appuyées

Pour faciliter l'élision de l'e sous le p : « Apre et amer, etc. »

parpra	parpra	parpra	parpra
perpré	perpré	perpré	perpré
pirpri	pirpri	pirpri	pirpri
porpro	porpro	porpro	porpro
purpru	purpru	purpru	purpru
pourprou	pourprou	pourprou	pourprou
peurpreu	peurpreu	peurpreu	peurpreu
pranpran	prinprin	pronpron	prunprun

Pour faciliter l'élision de l'e sous le **v** : « Le Havre est **un** beau pays, etc. »

varvra	varvra	varvra	varvra
vervré	vervré	vervré	vervré
virvri	virvri	virvri	virvri
vorvro	vorvro	vorvro	vorvro
vurvru	vurvru	vurvru	vurvru
vourvrou	vourvrou	vourvrou	vourvrou
veurvreu	veurvreu	veurvreu	veurvreu
vranvran	vrinvrin	vronvron	vrunvrun

ONZIÈME EXERCICE

Sur les sifflantes gutturales

*Afin de faciliter l'emploi de l'***x** : « Excuse, exemple, exact, etc. »

ec-za	ec-za	ec-za	ec-za
zac-te	zac-te	zac-te	zac-te
ec-za	ec-za	ec-za	ec-za
zac-te	zac-te	zac-te	zac-te
ec-zacte	ec-zacte	ec-zacte	ec-zacte
ec-zacte	ec-zacte	ec-zacte	ec-zacte
ec-zacte	ec-zacte	ec-zacte	ec-zacte
ec-zacte	ec-zacte	ec-zacte	ec-zacte

ec-ce-que	ec-ce-que	ec-ce-que
ec-ce-que	ec-ce-que	ec-ce-que
ec-ce-que	ec-ce-que	ec-ce-que
ec-ce-que	ec-ce-que	ec-ce-que

L'élève aura le soin de remarquer les passages dans lesquels il sentira sa faiblesse, et répétera à satiété l'exercice qu'il reconnaîtra pouvoir lui être profitable.

CORRECTION DU ZÉZEYEMENT

La correction du zézeyement s'obtient par le sifflement convenu pour appeler quelqu'un dans la rue sans dire le nom de la personne :

pzit!

L'élève qui zézeye devra s'habituer, en lisant très-lentement, à faire ce sifflement devant les lettres.

c, s, t.

Il est bien entendu qu'il ne sifflera devant le *t* qu'alors que cette lettre tiendra lieu de l'*s* dans un mot, tel que :

attention.

Exemple :

le..... **pzit!**..... *soleil,*
les.... **pzit!**..... *cieux,*
.... **pzit!**..... *sa...* **pzit!**.. *tiété (satiété),*
etc.

Ce sifflement devra être longuement soutenu pour n'être interrompu que quand l'élève sera sûr de le faire expirer au bout de la langue.

L'étude de la vibration rendra cet exercice plus facile.

CORRECTION DU CHEUCHEUTEMENT

La correction du cheucheutement s'obtient par un

chut!

précédent le *chacha*. On comprend que cette interjection, qui ne peut être autrement imagée, doit être faite tout bas; c'est-à-dire comme s'il s'agissait d'imposer silence auprès d'une personne endormie.

L'élève qui, au lieu du *ch*, aurait le *j* difficile, changerait *chut* en

jut!

Il observera ensuite que ce *chut!* ou *jut!* ne devra cesser qu'alors qu'il croira pouvoir l'appuyer nettement sur la voyelle tonique. — De plus, il mettra, pendant quelque temps, le bout de l'index dans sa bouche pour éviter, par la tension des joues et la séparation des incisives, le bruit intérieur que fait la salive, refoulée par l'air, sur les parois de la mâchoire.

Nous recommandons toujours la vibration.

CORRECTION DU BÉGAYEMENT

Il est bien reconnu, nul ne l'ignore, qu'un bègue ne bégaye pas en chantant :

ANECDOTE

Plus pâle que la mort, un fils vient à son père
Annoncer, bégayant «: Que... que... que... le... le .. le... »
« Il ne parlera pas, ò ciel. quelle misère ! »
Répète ce dernier. — « Eh bien ! chante, morbleu! »
Le fils, tout au devoir de préparer la dose,
Pousse, comme au lutrin, sa dolente chanson.
Mais jugez de l'effet, quand l'autre apprend la chose...
« Papa, » chante le fils, « le feu dans la maison !... »

Concluons de ceci que le bégayement n'étant en quelque sorte, que l'épilepsie de la précipitation, il n'est pas impossible de le guérir par l'étude du ton posé.

Nous garantissons l'effet de l'exercice suivant, qui doit être chanté.

L'élève apprendra l'anecdote ci-dessus, et la placera, syllabe par syllabe, en bien accentuant, sous les notes indiquées dans ces quelques mesures :

Grave et très-lent.

N'ayant pas de peine à retenir cet air, il chantera jusqu'au bout cette anecdote (dans le ton qui conviendra
à sa voix, pourvu qu'il rende les notes écrites), et, une
fois bien rompu à ce premier essai, il passera à l'exercice suivant :

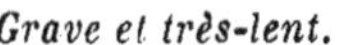

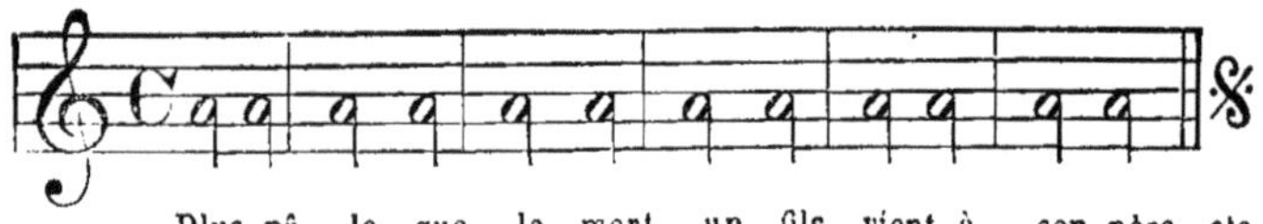

Quand l'élève, habitué par de fréquentes répétitions à
cette méthode, sera bien sûr de se posséder, il pourra
placer sous ce dernier exercice, la première lecture ve-
nue, en faisant disparaître peu à peu le ton chanté.

L'étude des exercices vibratoires est, en ce cas, plus
que jamais exigible comme correctif; car, un bègue
n'est trahi par son défaut qu'autant que, chez lui, il y a
atonie dans la formation des consonnes qui ne sont, pro-
prement dit, que des mouvements auxquels s'oppose la
lourdeur de sa mâchoire.

S'il ne bégaye pas en chantant, c'est que la poitrine,
en poussant des sons, force le mécanisme buccal à se
mouvoir. Or, celui qui est atteint de cette infirmité,
épuise tout son souffle sur des consonnes, qu'il n'aurait
qu'à appuyer immédiatement sur des voyelles, à partir
desquelles il filerait des sons remorquant les mots,
pour être intelligible. Il faut enfin qu'un bègue se figure
qu'il va chanter s'il veut pouvoir parler; ou, pour mieux
dire encore, que sa poitrine soit d'intelligence avec ses
lèvres.

Il doit surtout bien formuler ses phrases dans sa pensée avant de faire agir les organes buccaux ; car si une personne dont l'énonciation est nette est susceptible de bredouiller, en retirant simultanément un mot qu'elle est sur le point d'articuler, à plus forte raison, celle qui est affligée d'un tel vice, se ressentira-t-elle des désagréments occasionnés par une substitution intempestive.

Six mois d'étude, un an, deux ans même, ne doivent pas lasser l'élève courageux qui veut résolûment bannir un défaut qu'il a mis quelquefois dix-huit et vingt ans à acquérir.

Ce n'est qu'une habitude à prendre, nous en sommes convaincus par expérience ; attendu que les bègues ont leurs bouches exactement conformes à la nôtre. — La médecine n'a donc pas le droit de dire qu'ils ne peuvent faire toucher leur bout de langue au palais. Tous ceux que nous connaissons le font parfaitement.

Il y a négligence dans la peine à se donner de pousser les sons, en même temps que la bouche s'occupe des consonnes, et voilà tout.

CLÉ DE LA MÉTHODE

Pour tirer parti de notre livre, il faut :

1º Que chaque élève en ait un lui appartenant ;

2º Que le professeur fasse faire en commun nos exercices vibratoires, en se servant d'une baguette, au moyen de laquelle il devra frapper syllabiquement sur son bureau pour faire régner l'unité du martellement ;

3º Que la personne chargée de faire le cours (et dont l'accent doit être épuré), lise intelligiblement la partie euphonique et quelquefois le raffinement, pendant que les élèves appliquent mentalement les nuances de l'accentuation d'après l'orthographe des mots ;

4º Faire lire à haute voix chaque élève en particulier, en lui rappelant bienveillamment les règles de la méthode, s'il s'en écarte de bonne foi, et en lui en infligeant les copies par ordre numérique, s'il y a négligence ou mauvais vouloir. Ce travail, fait une fois par semaine seulement, suffira pour réformer l'accentuation : mais il vaudrait mieux le faire deux fois pendant les premiers temps.

www.ingramcontent.com/pod-product-compliance
Ingram Content Group UK Ltd.
Pitfield, Milton Keynes, MK11 3LW, UK
UKHW022041170726
13837UKWH00002B/728